Franja de agüero

Waldo Pérez Cino
Franja de agüero

© W Pérez Cino, 2026

© Fotografía de cubierta: W Pérez Cino, 2026

© Bokeh, 2026

Gainesville, FL
www.bokehpress.com

ISBN 978-1-966932-15-4

Bokeh es un sello editorial asociado a Almenara Press

Todos los derechos reservados. Cualquier forma de reproducción, distribución, comunicación pública o transformación de esta obra sólo puede ser realizada con la autorización de sus titulares, salvo excepción prevista por la ley.

Prefacio 9

I.

Apaño de brocante 19
Calibre verjurado 20
Proporción del sueño. 21
Toma pervadido 22
Goldene Zwanziger 23
De antemano (ahí la clave). 24
El nombre de la sombra 25
Las volutas 26
Atisba su carne 27
Daca evanescente 28

II.

Los verbos de la siega y la cosecha 31
El calzo. 32
Azorado a tierra firme 33
Nómina del paisaje 34

	Marasmo del día después	35
	Dosel del tránsito	36
	Casandra	37
	Asueto del acierto	38
III.		
	Las Pléyades	43
	Ninguna que no llegue	44
	Neblina del adviento	45
	Esponja ninguna a ciencia cierta	46
	Lo que precede	47
IV.		
	Franja de agüero	51
	Crátilo, un escolio	53
	Larva	54
	El consultante	55
	Blindada ante el asombro	57
V.		
	De la otra en esta suerte	61
	Los tramos que no arriban	62
	Tuétano y molino	63
	Las sin prisa	64
	Un lienzo blanco y disculpado	65
	Las escalas	66
	Acuda todo	67
	Certeza la del agua	68

There are, then, successful ways of not knowing oneself, and beauty is one of them. It is possible, in fact, that the way in which we are able to be ignorant is precisely what defines the rank of what we are able to know and that the articulation of a zone of non-knowledge is the condition —and at the same time the touchstone— of all our knowledge.

Giorgio Agamben

Prefacio

En cierto sentido, el misterio de la escritura reparte sus fueros —en ignorancia mutua de sus razones últimas— de modo similar a ese otro misterio, el del suicidio. El suicida sabe algo que buenamente ignoramos los vivos; sabe o cree saber *eso* que ni tú que me lees ni yo que ahora escribo esta línea sabremos a-no-ser-que.

Y acaso lo intuyamos; puede que hasta tengamos fundadas sospechas sobre de qué va, y va y pongamos que hasta hayamos alguna vez fantaseado con la idea, imaginado ese umbral: la llegada, la penumbra en la noche de quien arriba allí donde nunca antes estuvo, y todo eso figurado con periplo en plan Dante y su Virgilio o en plan a secas instrumental, como un medio o conato de atajo —sí, cómo no: pero a carta cabal, por supuesto no sabemos nada de nada. No lo hemos visto. No tenemos ni idea y nunca hemos cruzado esa puerta ni hemos estado todavía en ese lugar donde se sabe o se atisba aquello que fuere que decide a cruzarla. Y viceversa, porque el suicida para serlo ya ignora lo que a los vivos nos permite seguir estándolo: la ignorancia del uno tiene por objeto la del otro. A eso iba, en efecto: ambas zonas de no-conocimiento son, sin mayor atenuante, recíprocas, se ignoran una con relación a la otra.

Con la escritura otro tanto: de *eso* que la mueve tendremos o bien atisbo figurado y borroso o bien certeza, sin mucho entre medias, y por eso sus figuras —también la lectura, *jiva* de su *ātman*, condicionada siempre en actualización de lo real— se reparten sin remedio entre un esfuerzo más o menos denodado o un exceso trivial que mutuamente se ignoran. Cuando la escritura es digamos que lujo y *voluntas* retórica resulta exceso que no requiere esfuerzo: cuestión de elegancia, cortesía o pavoneo. En el mejor de los casos, despreocupada levedad medianamente asertiva. Una suerte de despilfarro, de dispendio existencial que aguarda, como cualquier dispendio, por su contrapartida agradecida: reconocimiento y visibilidad, aplauso o cuando menos atención o, en su versión solipsista, certeza de sí —que bien puede ser: certeza de haberse explicado *tal cual*, así como era. Esa certeza, para colmo, puede ser compartida en ambos modos. Si en cambio es necesidad y pulsión de sí, naturaleza, pues asumir la escritura implica sin remedio esfuerzo a todas luces excesivo, lo menos ante otros: algo incómodo o urgente que mucho mejor no estuviera porque esa necesidad se traduce en angustia y agota, y ciega en ocasiones como mismo agotan la carencia y la rabia y termina, más tarde o más temprano, perdiendo su rumbo —difícil de sostener sin que tiemble el pulso ese timón, esa frase infinita con más de ilación en otra parte que de puntuación o consenso escribiéndose. Testimonio de sí, cuando más. Ilegible —por irreparable— de sí.

Imposible precisar a ciencia cierta —esas zonas de no-conocimiento recíprocas lo son también en su inmanencia— qué quiera decir todo lo anterior, esa dialéctica siempre en equilibrio precario entre exceso y necesidad, entre dispendio y carencia; y acaso por eso el suicidio y la escritura sigan siendo misterio, siempre a salvo su arcano: quien sepa (si sabe) no puede comunicar al otro lado qué sabe, o a qué sabe saberlo —ceguera vitalicia, la una ante la otra, la de esas dos riberas enemigas. Y por supuesto que para ese esfuerzo, que a fin de cuentas o en última instancia resulta un esfuerzo de traducción o puesta en acto, hay atajos, su concierto por otros medios: se puede recorrer la lucidez que reporta o pensamos que reporta la escritura a través de los hongos o en la vida contemplativa o en la contemplación de la belleza, o incluso en la lucidez o en el disfrute a sabiendas de la excelencia a secas —sin apuntes ni ayudamemoria, sin *embullo* ni cuerda. Pero el ayudamemoria es también concierto y mandala, para sí y en la ficción de los otros. Y por ahí va la cosa, el digamos factor de la ribera condicionada: la *polis*, el mundo exterior, el animalito político y arrojado a alguna parte. Tan metido en el cisma. Tan prescindible y vulgar y tan omnipresente a la cañona. Todo el tiempo demandante, moviendo las paticas y exigiéndole a uno tiempo y atención y acuerdos, la puesta en acto y siempre servicial de la palabra.

Se podría prescindir de la escritura si se prescinde de la *polis*. Quizá un atajo, pero hay que decir que un atajo deviene, por supuesto y ante todo, la vía más rápida o la mejor a mano salvo que a uno le guste, o valore, o crea que hay premio en esforzarse por gusto o de gratis. Y se puede también encontrar el placer y la visión de la escritura en otra cosa, y probablemente será más seguro que llegue como paz en aquella otra cosa, la que fuere —incluida la intensidad o incluso, o más bien sobre todo, la ceguera y la verdad del deseo: son asunción o consciencia de un no-conocimiento que no precisa de apuntalamiento o anclaje. Capitas de realidad bien o mal o medianamente dispuestas. La práctica pública de la escritura, en cambio, o bien se escora a lujo o bien a necesidad urgente, que era en lo que estábamos, y ninguna de esas dos cosas lo merece: estar ahí, metido en el problema y creer que hablarlo ayuda, o sólo ir de visita, hacer turismo existencial —con su gasto simbólico, con su acuerdo digamos comunitario: pasearse por el centro con zapatos nuevos que, como cualquier moda, prometen adelantarse a su tiempo, avizorar futuro de antemano. Hacerle guiños, comentarios a lo real. A uno mismo en lo real, tratando de explicarse. O regalándoselo a otros.

Por eso lo mejor sería saber perder o saber disfrutarlo —según, ya depende— en silencio. Lo que fuere. Lo mejor es olvidarlo todos los días en silencio del mismo modo que a diario se olvidan y difuminan de a poco los sueños de anoche o la memoria de la cena del día anterior o de la última vez en la cama y todo, en cambio, se recicla siempre y sin pausa en presente, deviene aun si remoto presente. Vivirlo —sea eso lo que quiera decir, pero sin aspaviento ni angustia: instalado en esa lucidez, tal cual: *así*— en el silencio de un bosque o de un lago o incluso a la intemperie del deseo, lo abierto y lo fugaz (porque siempre en presente, *Umwelt* en préstamo) pero irrevocable del amor. Pero ya eso no es la escritura ni su necesidad y viene a ser otra cosa, arcano tercero.

א. ¿Qué supone sin remedio la escritura una vez que se convierte en práctica pública, y por eso expectativa? Mostrar algo a otros. Blandir un cartelito que proclama Héme aquí, yo veo o yo pienso o yo percibo así —de esta manera singular— el mundo, y supone pedir de paso que lo escuchen a uno, que lo tomen en cuenta a uno: que lo atiendan. Procurar esa atención, bailarle el agua a las palabras. No más que eso o en cualquier caso —¡incluso en el mejor de los casos!— no muchísimo más que eso. Si acaso, algo más que eso. Ni tampoco menos, claro —porque en cambio, etcétera (las maneras del entusiasmo, siempre tan dispuestas). No más ni tampoco menos que eso, lo que fuere en cuestión: un servicio de utilidad pública o un reclamo de atención, en el otro extremo; condescendencia o precariedad, a quién atiendo o me atiende quién, toma y daca perpetuo ¿de qué? Probablemente las dos cosas, cada una reclamando su reverso, una vida pospuesta en el bucle donde cada mitad se va perdiendo en resplandor de la otra, la historia tan antigua de la polilla y la luz que la quema, de la lumbre y la polilla que aquí (este mundo o estas páginas), para seguir moviendo su rueda, se intercambian a cada rato los roles. Serraud, en esas anotaciones de franqueza última de los *Diarios de Munich*, lo dice seguramente mejor:

> Dar aviso del ser, de lo que importa, a otros. A veces con éxito, a veces —casi siempre— sin ninguno o muy poco. Es lo que he hecho toda mi vida, a fin de cuentas, y ya no sé si a mi pesar […] Que resulta también hacerles ver, aunque por supuesto no fuera la intención ni es la idea, que viven en su sórdida grutica cavernaria, ruedita de hamster, burbuja de Platón: no se puede esperar que lo quieran a uno por eso (algo que ingenuamente he esperado casi siempre, sin éxito). Y menos que menos, que lo incluyan a uno en la burbujita o la pompa, o que *a cambio* le faciliten a uno el tránsito por esa eclosión menor donde sólo hay sombra, y que saben bien que yo sé sombra e impostura y que en el mejor de los casos —ente biológico: qué remedio— tolero, y que en el peor desprecio o lamento o que a secas me inspira compasión y reparo, según.

Y está, por supuesto, la otra dimensión del asunto. La que no tiene que ver con lo público ni con el diálogo incesante sobre las virtudes o los atributos de lo real. No es, ni mucho menos, que el lenguaje se organice con arreglo a algún código u organice el mundo según su propio código —de ahí el error y la confusión: aun si fuera tal cual, lo sería en segundo grado y el hecho de serlo resultaría baladí o irrelevante, cosa ella la menos pertinente del mundo. Un accidente o un contratiempo ejemplares.

El tema es que resulta más bien al revés: el lenguaje es el código, dimana de él y lo somos o usamos en la dimensión accesible de algo, puesta en acto y sintagma y frecuencia de onda traducida a un color. Y a resultas del código —y de ahí, únicamente por eso— nuestra anómala, antinatural relación con las palabras y la proliferación de las lenguas. De ahí pensarlo como si definieran o describieran el mundo en un código propio cuando son, por contra, el resultado del código del mundo, mera emanación de lo real como lo son el color o el sonido. Disponen el código de lo real, digamos que cuando las movemos lo mueven. O lo alteran, en la mejor acepción. Las palabras, cuando las vemos, las vemos y las usamos sólo por eso: percepción última y a ciegas de lo que está ahí, metapercepción como la del ojo que se viera a sí mismo hacia dentro, que se auscultara en sí viendo: versión *à la* Droste del aoristo en espejo probablemente en enigma que aun así —pero ¿quién da el crecimiento?— se pueda leer.

I.

Apaño de brocante

Valen penas al mazo, la cháchara
trivial de los mercados como un eco
que sube hasta la ventana de la calle.
Las burbujas
tan pacientes del eco, de cualquiera
—cualquier rumor que espume su mesura
en un rayón de aliviada cortesía.

Tras suyo el eco, los paisajes y el estaño
que los ancla a quien ya no los contempla:
su murmullo que resuena demorado,
que tarda para arribar a su alabanza.
A su loa y presto al eco, las gárgaras
remotas de cuál hazaña tan rumiada.

El eco trivial de la prisa y del decoro
con que se untan afeites las palabras:
una asoma la primera y la secundan
como un río las que siguen en la fila.

Lugares, plazas que secundan ese esfuerzo:
postales de la memoria, apaño de brocante.

Calibre verjurado

Calibre verjurado, átimo espúreo
y demás convecinos: la fractura
del código no es la mano del bautismo
ni los rituales fallidos de lo real. Aquí
no se traduce, no se mienten
pormenores fijos de lo inmóvil.

La fractura del código es el código,
la letra vicaria de un desplazamiento.

א. Lo propio separado no es fractura
  ni es fractura lo divisible o recompuesto
  —ni menos lo que asiste permutándose
  en lo que fluye a su concierto matricial,
  su barahúnda que no se acorta porque es ruido
  o tiempo o cambio disponible, y su ejercicio
  pospuesto o simultáneo, o a la mano.

Proporción del sueño

Proporciones, aquiescencia, marisma de otros lares
que aunque quiera no sabré explicarte, y creéme,
no es que quiera —no es que busque
ese grial del entendimiento, del trueque
de una cosa por la otra. Eso sé que no se puede,
lo que importa
es mucho mejor, la imagen
transcurrida del órdago: esa urgencia
del trampolín cuando uno se columpia
sabiendo que abajo toca zambullida,
respirar bajo el agua y vuelta a superficies,
bocabierta que resuelve toda hambre.

Toma pervadido

Toma pervadido de su enjambre, polvo
remoto de la alfombra que no habremos
sacudido: la nube alienta cuando avisa plomo
—acomete como caza la lluvia cuando el polvo
siembra la luz de puntos ciegos, el fractal
de una evidencia, la del pasado cuando pesa.

En alguna parte un resto: una presencia
si los grumos de polvo se agitan en simiente,
en minuto a su cieno desprendido. Ágil
desatino el del bucle de esa noria, el ruedo
de un segundo inmenso donde dobla
el presente al pasado como en eco, memoria
él mismo entre su dicho y en la suerte
porque la trastienda de la suerte es su fortuna.

Goldene Zwanziger

Ya de los años ciegos cerrado el interludio
Mirko cabecea y se pregunta cuál sería
el sino de su vida o de su tiempo, el que le resta
apenas por vivir —siempre el apenas
para que no perdamos, oh, el ritmo de los remos,
la inconstancia ajena de la especie
que se perpetúa al ritmo de ese látigo:
La ley de la ceguera, dice Mirko, la recorren
ese apenas que tanto obliga como espanta
y que aun de tanto seduce en su premura
—y aun si de tanto en su premura
se suspende a veces o aparenta
suspenderse por un instante en el misterio.

Ese apenas y el misterio —concluye Mirko, apura
el vaso ya mediado por las prisas—. Un instante,
la epifanía —y la medio espanta con la mano—
siempre acotada, abusada por el tiempo.

De antemano (ahí la clave)

Reposado, tan mitigado aquel esfuerzo antes de serlo
que puede fingir de antemano su elegancia. Nadie
que de antemano (ahí la clave) precise
su misterio ni calibre su final, tránsito
largo de las estaciones que se alternan.

Reposa como un soplo el movimiento,
el arco de la mano en el espacio
bailando su equilibrio. El gesto
pareciera perderse a propio péndulo,
agotar en equilibrio las esferas de la duda.
Todo gesto se desquicia en lo que tiene
de tardío, de bruma contra el humo.

Nadie le va a cobrar su propio esfuerzo,
no hay mano que recoja el diezmo
ni voz que lo bendiga bajo el arca
parroquial, entre los senderos de la duda.

El nombre de la sombra

Quién que adivine aquello que condiga, quién que
ataje el gesto a medio hacerse, el gesto de la hora
posando con su cuerpo para el rezo
y el diálogo imposible, siempre otro aquel espejo
suyo de sombra, tejemaneje del silencio.

Un silencio pautado por la prisa
y el apremio del instante: Déjalo pasar, déjalo
irse hasta que algo desvanezca y no requiera
ya ni el velo ni menos esa pausa suspendida.

II.
Alguna vez y a ciegas alguien la llamó la sombra:
la sombra que si arrecia, dijo, que si aprieta
como un aguacero remoto hace a la lluvia
presta por tornarse a sus jardines, la tan incierta
lluvia del pasado. La memoria más incierta si condice
lo suyo en jirones de sentido, de palabras
cuyo espacio en lo real se desvanezca
entre el aliento del mundo. En el hálito, dices,
azaroso del día: ninguna fecha vale
su peso grave cuando cae en lo incierto,
cuando sólo la aherroja preciso lo que nombra.

Las volutas

Dulzona dejadez de avistamiento,
de entrevistos (nadie asoma
la cabeza en estos casos: calma
tan caliente del desierto, del páramo).

Cuando veníamos de tardes al mercado
agotábamos toda la ruta haciendo planes:
tus libros y mi vida, el orden que vendría
para quedarse en la tuya, los asuetos
a destajo de los días, de la sombra
nocturna que acompaña a los mortales.

Créeme: Nadie alcanza estancia parecida,
lugar tan alto como el del equilibrista.

No veníamos para nada, no alcanzábamos
a dibujarle reposo a aquella estría.
Porque eso era, aquello aparentaba:
una estría, la marca de un ensanchamiento
imprevisto de la sombra, del tiempo
en la reminiscencia al cabo de la vuelta,
su espiral
entre las volutas que tu mano aparecía.

Atisba su carne

Atisba su carne a sino propio, sin saber
cómo sea escribir en otro signo —percibir
el tiento de las letras sobre nada. Sin nada
que lo asista o remede cuando tiemble,
blanco el blanco de los ojos cuando en blanco
en la ceguera ceremonial del tránsito afincaba
la noche a trazo y estocada, los destellos
triviales del ingenio. Un día lo despierta
un ruido en bramido repentino, el aviso
manifiesto del cambio: ninguna epifanía
sin certeza ya agostada, certitud autoevidente.

א. Y luego el bálsamo, la plenitud de los atisbos
sobre el mundo que circula en sus marismas:
la dilatada certidumbre del arribo, aquella paz
arrebatadora cuando toda vuelta permanece
ajustada a su sombra anterior o la que viene.

Daca evanescente

Pautada lasitud del intercambio, del toma
y daca remanente de qué. Bajo su vuelta asoma
como un susurro su pregunta, la pregunta
por sí misma, bajo la forma que sea: nadie
que asevere por tres noches algo
cierto en nombre propio sustantivo, letra
alguna que lo fije o que lo invoque. Letra alguna,
suerte a suerte que convoque su retardo, la presencia
abierta en el estrado de los días sucesivos
—un hilo[1], ilación alguna a quien no cese
de escudriñarla entre la sombra. Su posible
arquitectura al menos en la sombra. Nadie
amanece a quien no sepa. A mínimos
quedamos, a poca sombra que nos pese.

---

[1] Rojo, diría L. El hilo rojo y *las* mapitas: las variaciones del código que son, por serlo, precisamente su confirmación inmanente. O que lo son en un tramo de consciencia, cuando menos.

II.

LOS VERBOS DE LA SIEGA Y LA COSECHA

Pátina de abruzzo, desmedida
no de intensidad sino en lo extenso.

Cuánto ha llovido desde entonces:
tanto que una frase no refleja el susto,
la desconcertada melodía de lo impropio.
¿Cuánto habrá llovido? Cuánto y tan poco:
munido desarreglo, un desplazamiento
transido de delirios, de tanteo
sucesivo. Escalonado
como un cuenco ya hecho al agua
de la lluvia, lleno y vacío y demediado
según el ritmo del verano,
de los verbos de la siega y la cosecha.

א. Sólo adelanta a su manera
    la rumia inane de lo abierto
    cuando se lo sabe y no se alcanza:
    previo, memoria de un acuerdo.

El calzo

La mujer más bella de mi vida: la imposible
de soñarse de antemano o de preverse
vuelta carne en el deseo. O a sabiendas ella
en otros rostros a la medida del deseo
—soñando a quien devenga
ella en su trazado, la imposible cuenta nueva
en vez de soñarla a ella en lo que fuera:
labor de zapa, ajuste este sí baldío
entre lo que se pueda y lo que no, el calzo
donde se deslice lo abierto a su medida.

א. Ninguna verdad puede desearse si no es,
    si lo real no la plantó desde antes en su entraña.

Azorado a tierra firme

La mujer más bella de mi vida. Y luego
la primavera, el ojo alpino
avezado del órdago: los asombros
medidos por la brisa, por el estío
imposible a veces del pasado
—descubrimiento azorado a tierra firme
o a ventolera de océano por medio,
a segura trastienda de certezas. Fondo
tan escaso y tan cierto como trazas
de lo que sea que acabas de beber: la huella
húmeda del vaso y la de adentro
y aun en la de adentro la otra huella: todavía
la de la palma de tu mano bajo el vidrio
como recordatorio pobre del presente
—del tiempo del acuerdo y de lo extraño
a ojos de cualquiera que transite
a desvelo del cuerpo, a espalda ciega
del cuerpo su medida, su doblez
profunda en lo que cabe y lo que trae.

Nómina del paisaje

> Dócil se atiene la penumbra a su fingida
> realidad, adviento de la sombra.
> Bertine Serraud

Nómina del paisaje, aquel pautado
papel de la docilidad a buen recaudo,
al aire —como se blanden los elogios
o el orgullo ante los otros (magro, dócil
siempre el dócil en esfuerzos que lo encajen).

Nadie presta a su traición lo que estipula
la ornamenta del paisaje: aforo
medido en la procesión donde contritas
acuden las verbenas de la culpa —la flagelada,
la rebelde, la omnipresente que juega con los tiempos
y antepone o pospuso ya de siempre los lugares
inmediatos del tino y del consuelo, de lo propio.

א. Nadie que se ensombrezca en el adviento
ni procure su velamen ante soplos
precarios como sostén a tanto de los días: variopinto
sumario de deberes, cumplido abecedario
de misiones postergadas, de pálpito tardío.

Marasmo del día después

Nada sino tu sino es sustraerte
al aluvión de las cosas, a la medida
de su hambre: atentos a la caída previsible,
al resbalón cantado de su sitio si no escurre
la vista sobre la senda su marasmo
de doncella inmóvil entre bambalinas,
de doncella detenida por la turba
que chifla y rechifla en el teatro.

Sustraerte no es un destino ni una suerte,
ni es nada que valga celebrar en compañía.

Las doce y no concurren a cenar
las musas de tu suerte. Nada que valga
bastante remozar, ningún trazo que se escurra
como disculpa o cumplido supletorio.

א. Arrimado a su suerte, viendo pasar
las aves en la noche. Las formas tan extrañas
del miedo y del deseo, como si algo
en verdad precediera algún encuentro.
Como si ya un encuentro fuera algo
que se vislumbre o se atisbe, anticipo
de arribo o de sosiego, de forma ya cumplida.

Dosel del tránsito

Dosel del tránsito, la escéptica
avefría de los contornos, del peligro.
La que mira con la ceja
prendida a su elemento, el río que se pierde
en lontananza: A su destino, tal como dijeron
los avisados de siempre, los que avistan
a cada recodo del agua su final, su arribo
a otras mayores donde pierda
el nombre y gane el mar. El mismo mar,
la misma suerte que atraviesas
bajo cuerdas a ese mástil —pobre Ulises
sumido en Circe opaca y riesgo a tientas,
en sirena muda ante el destino
que avizoran los profetas y los ciegos.

Casandra

Recuéstate segura al filo aun si tardío
del misterio, y no a la sombra
larga del pasado. Ya no es tuya: el viaje
prosigue sin fantasmas, Casandra
—sin augures ni menos alaridos
que proclamen sus visiones encontradas
en la noche tras los vapores del miedo
que tampoco es tuyo aun cuando irrumpa
a veces en avalancha a aquella puerta
que tampoco es ya la de tu casa. Recuerda
tu nombre y túmbate, musítalo
bocarriba a campo abierto, deja
que esa estrella te devuelva lo que es tuyo:
la risa y el deseo, aquel hilo
rojo de lo propio, el son del sueño.

Asueto del acierto

Planicie de los tumbos, el pasado
no se hila más que al día
sucesivo del hoy: lo demás ya es resto
y humo, trazo a tientas
si algún hito ahora elocuente porque hoy
o porque aquí. Porque has llegado
al punto exacto del presente donde escribes
de este punto exacto del ahora, porque sí
—todas aquellas melodías
tan confusas del tiempo: abrojo y acicate,
ilustraciones del paisaje o su figura.

II.

Ya luego faltarán la página y los días
medidos de su acuerdo. Ya luego cabrá
lo ni siquiera previsto: desmemoria
y consuelo de otras vidas, la silueta
fugaz de un pez en el abismo o la mesura
dilatada del árbol, sombra y cieno recorrido
de otra luz que todavía no te alcanza
—que ahora sólo cuando el tiempo
se detiene remontando aquella playa, las dunas
bocarriba de otro mundo y otro cielo

boqueando en su resuello dimensiones
voraces del testigo, asueto del acierto.

III.

Las Pléyades

Que va a poner el grito
en el cielo, me imagino,
de su semblanza acróstica, perpetua.
Que va a poner en el cielo, dijo,
el grito y la rabieta, una estrella
fugaz cayendo de las Pléyades.

No lo dejes caer, no arrimes
a esa brasa tus bondades: limpia
de pasiones el pasillo de las penas
perdidas —y ponte algo, cúbrelo
de alguna cosa que dilate la partida,
la siempre demorada pero en víspera
perenne, la que en ciernes
se arrima a su razón más ciega.

Ninguna que no llegue

El hielo se refleja sólo
de esa cierta manera en invierno sobre el agua.

Y el aire, que se respira como en tromba
cuando acaban los cercos del que nada
en círculo alrededor de las palabras, persiguiendo
lo que no cabe alcanzar sino en un gesto,
en amago que se baste en su compendio
de asentimiento y suasoria, brazada repetida.
Ahí la redención y ahí el milagro, las voces
animadas del misterio, de su fiesta:
ninguna que no llegue arrebatada a su delirio,
ninguna que alcance
idéntica a su querencia su estatura.

א. Tardío se dice sólo lo que cuaja
    bajo la forma de una sombra aparecida
    únicamente cuando toca: orilla y bocanada,
    siempre ya otra cuando acude si es que llega.

Neblina del adviento

Todo el tiempo anticipando la extrañeza, el pálpito
como quien espera luna llena o un augurio.

Lejos, desde lejos: avizorando el pálpito, habías dicho.
Anticipando la venida, neblina del adviento
y corazón prestado, mientras tanto, en el tumulto.

א. La vena entonces tan firme del misterio,
   la que remonta los años y la muchedumbre
   populosa del tiempo. La que lo recorre como temblor
   del espinazo, la callada que por eso
   en elocuencia y pálpito y neblina mejor lejos.

Esponja ninguna a ciencia cierta

El día avizorado nunca el convenido, previsión
inane de su arribo: a eso estábamos, a eso conducían
las maneras del concierto y del ruedo, la plaza
donde cabe todo como acuerdo y convenía
asertivo el tiempo sobre todo: los años
de ausencia, el periplo interminable donde escurren
las noches su estira y encoge, su esqueleto de tiniebla.

Y la furia, por supuesto, y el estruendo, el narrador
idiota de los días que sin cesar discurre.

    א. Encogido un día es acierto o bien mural
    ajeno de clamores: las demandas del pan,
    merecimiento y desdén, convenio y suerte
    desparramada de promesas: cumplimiento
    las menos de las veces. Y mentira, porque nada
    que retenga tantos líquidos como el tiempo
    avizorado: esponja ninguna a ciencia cierta
    tan ávida ni tan de suyo, tan llena de lo impropio.

Lo que precede

Lo que precede es siempre llovizna o aquel aire
a matizar o a esconder: soplo de otra tierra,
el que vino de otro sitio, del afuera. De aquella,
la ninguna que es la propia. Me es ajeno
—decimos— como el paisaje o la lengua
y ya se sabe: imposible más de propio que esos dos,
y nada a un tiempo tan de afuera, tan casual:
lo que acontece a otro, lo que al doble
de ayer o de hace un año, o veinticuatro.

   א. Lo que precede siempre contratiempo,
      aviso de borrón y cuenta nueva prometida.

Sólo precede lo que importa, sólo lo que cuenta
es contratiempo y promesa de su enmienda,
país de yunque y de remiendo, de aguacero
que propicie en sedimento la otra vuelta.
Lo que precede y cuenta no se borra, se negocia
como una deuda o un préstamo y ahí queda:
compañía y punto ciego. Lo que precede, dijo,
viene a ser lo que soslaya el amor y es su reverso,
garantía de la vuelta y su disculpa, letanía
siempre a mano para que salve a quien se vaya.

IV.

Franja de agüero

Memoria de otro acuerdo, amnesia
jubilosa del tiempo repartido. Ahora cuenta
el otro, su final. Principio entero, las visiones
del código y de abajo del debajo, la paz
tan exacta de los destinos consumados: un cierto
cansancio que rebosa de ganas y la sombra
—la sombra sobre todo
que se abre ante lo propio y condesciende
acorde a su medida, al cuenco reservado.

Umbral que siempre te despeina,
asilvestrada como en rito de la suerte,
el del tránsito. Los días que alcanzan
de repente otro ritmo, como si cuajaran
en hábito o sentido —alimento
de nadie donde todo comparece
en franja de agüero, asueto de la suerte.

א. Sombra de la suerte o esa charada
   sinuosa del destino: adonde se arriba tarde cobra
   doble su medida y ennoblece
   a la par su hora y su alimento. Nadie ve pasar
   a su fantasma medido hasta esa hora

bajo paisaje donde ya todo resplandece
en el sosiego y su doble, los hermanos
incestuosos del edén, la gracia y el deseo.

Crátilo, un escolio

Alianza de los nombres, subterránea
en todos sus matices —salvo de memoria,
aquel abrevadero de la luz en lo tardío.

א. A poco van cayendo en demasía —demorados,
   lento racimo a la luz de las astures: agua
   que no tiene punto ni agarre sino es toda.

Y póstuma, es probable —al menos póstumo
el vislumbre del recuerdo, de ya tan impreciso
que redunda en duda que acompaña: certeza
sin atajos ni materia que condiga su premisa,
el aura donde algo presentido asiste a su relato.

א. Y la amnesia o la memoria de lo otro:
   lo demás en lo múltiple sólo a la medida
   de su pulso, la frecuencia
   en que los vasos de lo uno trepiden donde dos
   —donde cualsea que no importa pero sí.

Larva

Toda pérdida es retorno, resentido
regreso a alguna parte que fue nuestra
y donde ahora nada importa
ni nada te retiene. Ahí te quieren, habrán dicho:
llegará el día en que no veas el limbo
ya ciego del olvido, cuando no puedas
sentir lo que has visto ni siquiera en sombra
o en fantasma lo que conserva
ahora carne y piel sobre los huesos.
Entonces qué palabras
iré a recordar si no las mías —las pocas
o muchas o cruciales, meridianas
las que acopié para mí. Un tejido
en torno, como el capullo de una larva
que rime locuaz su sobrevida.

א. Sabe que lo desboca su próxima
visión del universo, del código —el tiempo
recurrente del acuerdo. Sabe que volverá
allí mismo donde ahora. Sabe que no acompañará
hasta entonces el recuerdo, el reencuentro mismo
desmemoria de sí. De sí y del acuerdo,
de la vuelta: en todos los viajes regresamos
al sitio que en la partida ya perdimos.

El consultante

En arriendo a medida de su acierto
prestada la luz en ausencia a cada sombra,
a cada rastro de sí donde cupiere
su imagen plena sin filtro ni atenuante,
durante días y noches preguntaba
repetidamente a Dios el consultante
por el deseo: adónde es que se escurre, adónde
recalaban aquellos troncos que marcaba
la corriente de algún río remoto, alguna barahúnda
ahogada de antemano por el tránsito.

Lo que incluye, cómo no, los ejercicios
—puesta a punto del día próximo, afinamientos
(como quien calibra una válvula)
de la consciencia de sí, o para el caso
de la consciencia del mundo:
siempre todo se confunde al resplandor
vicario de lo alto, aquello que no concilia sino es.

Un aprendizaje, si vamos a ser claros:
un curso más largo que materia
alguna que lo nutra, o que oraciones:
ningún hueso, mero pálpito. Lo que se sabe

no se pregunta, la pregunta
termina vuelta otra muesca en el misterio
mismo que la lleva a repetirse —frívola
esa trampa, la consulta del que espera
por ganado el día lo que cuaja cuando quiere.

א. Y la disposición abierta del milagro, su talante:
otra disciplina a contar entre las tantas, la sordera
ávida para quien tenga las respuestas
ante las preces en rebaño. «Mero pálpito.
Lo que se sabe no se pregunta, la pregunta
vuelta una muesca en el misterio»: ese rosario.

Blindada ante el asombro

Su afán de realidad, vuelta la vuelta
en trazo del círculo completo. Caligramas,
la espiral
precisa pero sin nombre del misterio.

Blindada ante el asombro, la coraza
es feble y musgo, vana: nadie se desnuda
más desnuda que la dama realidad,
la del vestido de capas superpuestas,
la niña de la infinita transparencia.

א. La que siempre acierta: nadie que desnude
   mejor su aliento y su fondo, su perfume
   orondo en luz propicia, forma
   devuelta a su medida. Afán de develarse
   a sus anchas entre la sombra y el delirio.

V.

De la otra en esta suerte

El capullo oscuro de las metamorfosis,
ese del tránsito incumplido. Del tránsito perpetuo
en esa barca que una pértiga aleja de tu boca
cuando se adentra en las marismas, mangle
solo del silencio, los canales imposibles
de ninguna parte entreverados
en lo oscuro de lo previo: lo anterior a las ciudades
donde el ruido de esta vuelta ya no alcanza
si no se lo calla en la renuncia, en la babélica
nata del silencio que lo encubra
como en niebla, paz de los dormidos
—el estertor, el balbuceo del tránsito a otra
vida que llegará tarde para reñirle su sentido,
su manía de las cifras: citaciones a la hora
en punto, a los días en medio de la nada
y entreverados con la nada, en medio del desierto
aquel tan blanco de la espera. Ajustes en la noria
siniestra del dolor, de lo callado en lo tardío.

Los tramos que no arriban

No están los soportales, claro. Falta
la noche entre adoquines relucientes,
la piedra empapada entre los trechos
fugaces de la carrera que sortea
entre la lluvia los tramos que no arriban
a sitio alguno que no remede un calco
irreparable de aquel donde transcurre:
su segundo exacto, el tiempo
idéntico a su propio olvido, ausencia
la ya hecha en materia de su suerte
—la de antemano ya prestada, carta
con las muescas al dorso de su sino.

א. Y mira en cambio esa lluvia que recurre
 como imprevisto acuerdo de algún sueño:
 un fantasma soez que a cada aparición
 nos escupiera a la cara la frase consabida,
 el ventarrón idéntico y de vuelta a donde
 —toda evidencia de lo cierto cancelada—
 aún no se consigue ahuyentar el aguacero.

Tuétano y molino

Pero no era de eso de lo que ahora
hablábamos —si es que hablábamos, si es que
otra ronda distinta
otra suerte
de realidad vaya a tocarnos. No lo sé,
ni creo que lo sepa en esta vida. Queda
para la próxima si acaso, para el día
que el vértigo sea sólo rueda de molino
y ya no sitio más allá del tránsito o la fuga.

א. Nada que se parezca ni de asomo
    al tuétano de las cosas, la vértebra
    que ordena el mundo aun si a los pesares.

Las sin prisa

Felices los del aguacero breve,
estaño del agua que cae a plomo, látigo
asombrado del instante: la premura
y los dedos que tejen esa vuelta,
la de la ropa empapada y la sonrisa.

Felices y a profundo cuando todo
se detiene en el otro, aguacero del tiempo.
El que no cesa ni amaina ni completa
su tiempo suspendido entre jornadas:
los capítulos casuales —dimensiones
tan extrañas del tiempo, las sin prisa.

א. Lejos de la memoria las palabras
de entonces, el instante absorto del acuerdo.
Lejos salvo del cuerpo en que confluyen
y zanjan de otro segundo todo el tiempo,
los años, esas vueltas
tan remotas sin tu nombre salvo acaso
el sabor tuyo en la boca y el asomo
súbito o fugaz del recorrido, círculo
que se cierra en lo que abre cuando llegan
a una órbita sola sus dos lados.

Un lienzo blanco y disculpado

Sobrevive sólo la certeza pertinente,
la que no se olvida de sí. Lo obvio
resulta a veces justo hábito: certidumbre
que prosigue en su ser, aquella vuelta
sobre sí —la que se contempla en el deseo
vigente y su memoria, lienzo
a redimir en la querencia y el sosiego.

א. Nunca se intersectan lo dado con lo propio
porque toda víspera absuelve a lo obvio de milagros:
desprocura su paz cuando se saben
los días de antemano memorables, destino
entreverado entre las manos que lo acuerdan.

Las escalas

Arribo y cuesta a bordo, la apertura
incontestable de la voz.
Zarpa sólo lo que cuele a la ventura
de mar propia, compás de adviento
en bamboleo de la suerte, la premura
esa anchurosa del presente. Nada
parece irreparable. Ni siquiera lo evidente
ni ya por consabido menos cierto
del golpe imaginario de los dados, el tintineo
cristalino del éxtasis. O del coágulo, la sombra
que ciega y que contrae, arteria no por vista
la menos concurrida ni la última; el presente
tan perpetuo de la última, su acuerdo todavía.

א. Incluso si arrimado, afín de acierto,
   incluso si lo ronda
   en tiento la mesura. Doble del cierzo
   hecho raso en yema que lo roce,
   la del acantilado fluye cuando fluyen
   las cosas del mundo desbocadas
   —si hay un acantilado, si es que afuera
   discurre algo parecido a lo que alienta
   en el transido paripé de un-mundo-ahí.

Acuda todo

Clavozarza ardiente a qué agarrarse,
duermevela del tiento: hay un pasado
que reclama enmienda, y allí un futuro
que consiste en su retoque, ensayo
perenne de una vida a contratiempo.

א. Todo acuda a mi favor, advenga todo
en cosecha sin merma ni destiempo.
Arribe a puerto, a conclusiones
el hilo del destino: toda súplica termina
por ser esa: mera gestión de la fortuna
en disculpa de lo aciago o lo torcido.

Certeza la del agua

Asidero cierto, certeza la del agua
escurrida entre los tiempos. Asidero y labio,
asiento lo que corre
entre los tiempos como un gesto, sensación
rumiada de lo exacto.

    א. Mariposas, frases, la constatación
    tan simple del misterio. La certeza
    a gusto —la que sabe a lo que corre, esa que importa—
    del cuerpo que afina en su nombre lo que hay,
    lo que sabía. Desconocer
    es también vida al corriente del misterio, afinada
    en la garganta o las caderas, cintura del acierto.

Catálogo Bokeh

Abreu, Juan (2017): *El pájaro*. Leiden: Bokeh.
Aguilera, Carlos A. (2016): *Asia Menor*. Leiden: Bokeh.
— (2017): *Teoría del alma china*. Leiden: Bokeh.
Aguilera, Carlos A. & Morejón Arnaiz, Idalia (eds.) (2017): *Escenas del yo flotante. Cuba: escrituras autobiográficas*. Leiden: Bokeh.
Alabau, Magali (2017): *Ir y venir. Poesía reunida 1986-2016*. Leiden: Bokeh.
— (2019): *Mordazas*. Leiden: Bokeh.
Alcides, Rafael (2016): *Nadie*. Leiden: Bokeh.
Andrade, Orlando (2015): *La diáspora (2984)*. Leiden: Bokeh.
Armand, Octavio (2016): *Concierto para delinquir*. Leiden: Bokeh.
— (2016): *Horizontes de juguete*. Leiden: Bokeh.
— (2016): *origami*. Leiden: Bokeh.
Aroche, Rito Ramón (2016): *Límites de alcanía*. Leiden: Bokeh.
Atencio, Caridad (2018): *Desplazamiento al margen*. Leiden: Bokeh.
Ávila Villamar, Carlos (2025): *Nueve ficciones*. Gainesville: Bokeh.
Barquet, Jesús J. (2018): *Aguja de diversos*. Leiden: Bokeh.
Blanco, María Elena (2016): *Botín. Antología personal 1986-2016*. Leiden: Bokeh.
Blavi, Camila (2025): *Puna*. Gainesville: Bokeh.
Caballero, Atilio (2016): *Rosso lombardo*. Leiden: Bokeh.
— (2018): *Luz de gas*. Leiden: Bokeh.
Calderón, Damaris (2017): *Entresijo*. Leiden: Bokeh.
Castaños, Diana (2019): *Yo sé por qué bala la oveja mansa*. Leiden: Bokeh.
— (2019): *The Price of Being Young*. Leiden: Bokeh.
Cataño, José Carlos (2019): *El cónsul del Mar del Norte*. Leiden: Bokeh.
Cino, Luis (2022): *Volver a hablar con Nelson*. Leiden: Bokeh.

Conte, Rafael & Capmany, José M. (2019): *Guerra de razas. Negros contra blancos en Cuba.* Leiden: Bokeh | colección Mal de archivo.
Díaz de Villegas, Néstor (2015): *Buscar la lengua. Poesía reunida 1975-2015.* Leiden: Bokeh.
— (2015): *Cubano, demasiado cubano. Escritos de transvaloración cultural.* Leiden: Bokeh.
— (2017): *Sabbat Gigante. Libro primero: Hojas de Rábano.* Leiden: Bokeh.
— (2018): *Sabbat Gigante. Libro segundo: Saigón.* Leiden: Bokeh.
Espinosa, Lizette (2019): *Humo.* Leiden: Bokeh.
Fernández, María Cristina (2025): *En el nombre de la rusa.* Gainesville: Bokeh.
Fernández Larrea, Abel (2015): *Buenos días, Sarajevo.* Leiden: Bokeh.
— (2015): *El fin de la inocencia.* Leiden: Bokeh.
Ferrer, Jorge (2016): *Minimal Bildung. Veintinueve escenas para una novela sobre la inercia y el olvido.* Leiden: Bokeh.
Galindo, Moisés (2019). *Catarsis.* Leiden: Bokeh.
Garbatzky, Irina (2016): *Casa en el agua.* Leiden: Bokeh.
García, Gelsys (2016): *La Revolución y sus perros.* Leiden: Bokeh.
García, Gelsys (ed.) (2017): *Anuncia Freud a María. Cartografía bíblica del teatro cubano.* Leiden: Bokeh.
García Obregón, Omar (2018): *Fronteras: ¿el azar infinito?* Leiden: Bokeh.
— (2025): *66 décimas para cuerdas migratorias.* Gainesville: Bokeh.
Garrandés, Alberto (2015): *Las nubes en el agua.* Leiden: Bokeh.
Ginoris, Gino (2018): *Yale.* Leiden. Bokeh.
Gómez Castellano, Irene (2015): *Natación.* Leiden: Bokeh.
Guerra, Germán (2017): *Nadie ante el espejo.* Leiden: Bokeh.
Gutiérrez Coto, Amauri (2017): *A las puertas de Esmirna.* Leiden: Bokeh.
Hässler, Rodolfo (2019): *Cabeza de ébano.* Leiden: Bokeh.
Hernández Busto, Ernesto (2016): *La sombra en el espejo. Versiones japonesas.* Leiden: Bokeh.

— (2016): *Muda*. Leiden: Bokeh.
— (2017): *Inventario de saldos. Ensayos cubanos*. Leiden: Bokeh.
HERRERA, Alcides (2022): *Canciones iguales*. Leiden: Bokeh.
HERRERA, José María (2025): *La musa política*. Gainesville: Bokeh.
HONDAL, Ramón (2019): *Scratch*. Leiden: Bokeh.
— (2020): *La caja*. Leiden: Bokeh
HURTADO, Orestes (2016): *El placer y el sereno*. Leiden: Bokeh.
INGUANZO, Rosie (2018): *La Habana sentimental*. Leiden: Bokeh.
JESÚS, Pedro de (2017): *La vida apenas*. Leiden: Bokeh.
LAGE, Jorge Enrique (2015): *Vultureffect*. Leiden: Bokeh.
LAMAR SCHWEYER, Alberto (2018): *Ensayos sobre poética y política*. Edición y prólogo de Gerardo Muñoz. Leiden: Bokeh | colección Mal de archivo.
LUKIĆ, Neva (2018): *Endless Endings*. Leiden: Bokeh.
MARQUÉS DE ARMAS, Pedro (2015): *Óbitos*. Leiden: Bokeh.
MÉNDEZ ALPÍZAR, L. Santiago (2016): *Punto negro*. Leiden: Bokeh.
MIRANDA, Michael H. (2017): *Asilo en Brazos Valley*. Leiden: Bokeh.
— (2026): *Deserta*. Gainesville: Bokeh.
MORALES, Osdany (2015): *El pasado es un pueblo solitario*. Leiden: Bokeh.
— (2018): *Zozobra*. Leiden: Bokeh.
— (2023): *Lengua materna*. Leiden: Bokeh.
NARANJO, Carlos I. (2019): *Los cantos de Pandora*. Leiden: Bokeh.
PADILLA, Damián (2016): *Phana*. Leiden: Bokeh.
PEREIRA, Manuel (2015): *Insolación*. Leiden: Bokeh.
PÉREZ, César (2024): *La capital del sol. Tragicomedia en tres actos*. Leiden: Bokeh.
PÉREZ CINO, Waldo (2015): *Aledaños de partida*. Leiden: Bokeh.
— (2015): *El amolador*. Leiden: Bokeh.
— (2015): *La isla y la tribu*. Leiden: Bokeh.
— (2019): *Apuntes sobre Weyler*. Leiden: Bokeh.
PONTE, Antonio José (2017): *Cuentos de todas partes del Imperio*. Leiden: Bokeh.
— (2018): *Contrabando de sombras*. Leiden: Bokeh.

Portela, Ena Lucía (2016): *El pájaro: pincel y tinta china*. Leiden: Bokeh.
— (2016): *La sombra del caminante*. Leiden: Bokeh.
— (2020): *Cien botellas en una pared*. Leiden: Bokeh.
Quintero Herencia, Juan Carlos (2016): *El cuerpo del milagro*. Leiden: Bokeh.
Ribalta, Aleisa (2018): *Talús / Talud*. Leiden: Bokeh.
Rodríguez, Reina María (2016): *El piano*. Leiden: Bokeh.
— (2018): *Poemas de navidad*. Leiden: Bokeh.
Saab, Jorge (2019): *La zorra y el tiempo*. Leiden: Bokeh.
Salcedo Maspons, Jorge (2025): *Memoria de eso*. Gainesville: Bokeh.
Sánchez Mejías, Rolando (2016): *Mecánica celeste. Cálculo de lindes 1986-2015*. Leiden: Bokeh.
Saunders, Rogelio (2016): *Crónica del decimotercero*. Leiden: Bokeh.
Starke, Úrsula (2016): *Prótesis. Escrituras 2007-2015*. Leiden: Bokeh.
Timmer, Nanne (2018): *Logopedia*. Leiden: Bokeh.
Valdés Zamora, Armando (2017): *La siesta de los dioses*. Leiden: Bokeh.
Valencia, Marelys (2021): *Peregrinaje en tres lapsos | Pilgrimage in Three Lapses*. Leiden: Bokeh.
— (2023): *Santuario de narcisos en ayunas | Sanctuary of Fasting Daffodils*. Traducción de Peter Nadler. Leiden: Bokeh.
Vega Serova, Anna Lidia (2018): *Anima fatua*. Leiden: Bokeh.
Villaverde, Fernando (2016): *La irresistible caída del muro de Berlín*. Leiden: Bokeh.
— (2016): *Los labios pintados de Diderot*. Leiden: Bokeh.
Williams, Ramón (2019): *A dónde*. Leiden: Bokeh.
Wittner, Laura (2016): *Jueves, noche. Antología personal 1996-2016*. Leiden: Bokeh.
Zequeira, Rafael (2017): *El winchester de Durero*. Leiden: Bokeh.
— (2020): *El palmar de los locos*. Leiden: Bokeh.

www.ingramcontent.com/pod-product-compliance
Lightning Source LLC
Chambersburg PA
CBHW020254090426
42735CB00010B/1921